Keine Angst vor der Angst!

Text & Illustration:
Kerstin Undeutsch

nach einer Idee
von Clemens Hegler

Eines Tages
stand die Angst
vor der Tür.

Klopfte an und
wollte rein.
Dich besuchen.

Rief: „Jubidu!
     Da bin ich!
     Schau mal!

     Wer da ist!"

Dir standen
die Haare zu Berge.

„Was willst Du?"

„Bei dir sein."

„Nein!"

„Doch!"

„Ich will keine Angst
haben. Hau ab!"

„Die Anderen durften
auch rein – der Spaß,
der Mut und sogar
die Langeweile.

Jetzt bin ich mal dran!"

Du
ziehst
alle Vorhänge
zu.

„Geh weg!"

„Lass mich rein!"

Du verriegelst
die Tür
und
verrammelst
die Fenster.

„Hallo!!!
Ich will dich besuchen!
Ich gehöre
doch auch
zu Dir!"

Du nagelst
Bretter an die Fenster,
schiebst die
Kommode und
den Schrank vor die Tür,
verstopfst alle Ritzen
mit Kissen.

Geschafft.

Geschützt.

Prima.

Die Angst bleibt draußen.

Sie kann nicht rein!
Der Regen kann
auch nicht rein.
Das Licht auch nicht.
Und die Luft.
Und das
Vogelgezwitscher.

Es ist dunkel
im Zimmer
und still.

Aber du brauchst
den Regen,
das Licht,
die Luft
und das
Vogelgezwitscher.

Du ziehst die
Vorhänge beiseite.

Die Angst ist immer noch
da draußen.

Aber auch die
frische Luft
und das Licht und
der Regen und
das Vogelgezwitscher.

Du öffnest dein Fenster.

Du lässt sie alle herein.
Das Licht.
Die Luft.
Den Regen.
Das Vogelgezwitscher.

Und die Angst.

Ihr trinkt
einen Tee
und lernt
euch kennen.

Am Abend erzählt
ihr euch
Gruselgeschichten...

und in der Nacht
tanzt du
mit deiner Angst.
Irgendwann
ist die Angst
vor der Angst

verflogen.

Am nächsten
Morgen
ist die Angst
verschwunden.

Du hast jetzt
ein Bild von ihr.

Hast es eingerahmt und
einen Platz gefunden,
wo du es sehen kannst
oder nicht.

Diese Geschichte verdanke ich einem Freund, der sie mir am Telefon erzählte, als die Angst dick und fett in meinem Zimmer saß.

Wir brauchen die Angst, damit wir nach links und rechts schauen, bevor wir die Straße überqueren oder wenn ein Unbekannter sagt, wir sollen in sein Auto steigen. Da ist es gut, die Angst als Freund zu haben.

Aber du bestimmst selbst, welchen Platz die Angst in deinem Leben hat. Du gibst ihr einen Rahmen, denn die Angst darf nicht größer sein als du.

Also hab keine Angst vor der Angst!

Manchmal fordert sie uns heraus und will, dass wir sie besiegen. Das ist dann ein herrliches Gefühl!

Wir grüßen Dich herzlich.

Kerstin und ihre Freunde.

„Wenn wir unsere Wut verwandeln können,
dann sind wir Zauberer!"
„Wut zu Besuch!" - ein weiteres Buch von Kerstin Undeutsch
aus der Reihe der „GRAEFin UNDEUTSCH" Produktion

Mehr aus der Welt der Autorin und Illustratorin
Kerstin Undeutsch kann man hier entdecken:
https://www.k-undeutsch.de

1. Auflage 2019

© Verlag Tasten & Typen, Bad Tabarz

Alle Rechte vorbehalten

Text & Illustrationen: Kerstin Undeutsch
Gestaltung und Umsetzung: Druschka Graef
Eine „GRAEFin UNDEUTSCH" Produktion
Druck und Bindung: Druck- und Medienservice Jörg Winge, Weimar

ISBN: 978-3-945605-42-4